Couvertures supérieure et inférieure
manquantes

NOTICE

STATISTIQUE ET HISTORIQUE

SUR LA

COMMUNE DE MAISDON

SUIVIE

D'UN EXPOSÉ DES PROJETS DE DÉMEMBREMENT

DE CETTE COMMUNE,

PAR

M. PETIT DES ROCHETTES,

MAIRE DE MAISDON.

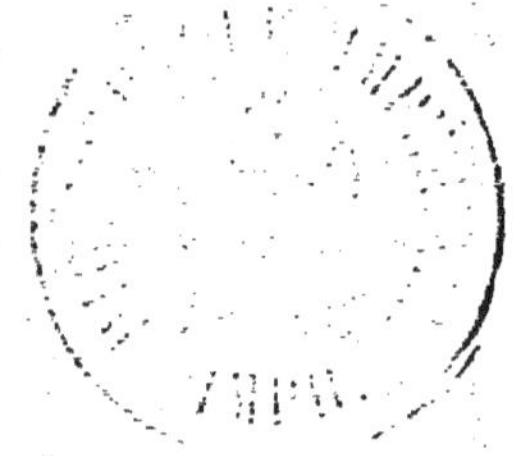

« Il n'y a peut-être pas, dans tout
« le département, une commune de
« meilleure conformation territoriale et
« plus admirablement bornée que celle
« de Maisdon. »

M. le Bon LEMOT,
Au Conseil général de la Loire-Inf^re.

~~~~~~~

NANTES,

IMPRIMERIE DE VINCENT FOREST ET ÉMILE GRIMAUD,
Place du Commerce, 4, à l'angle de la rue de Gorges.

1867.
~~~~~~~

Les deux tentatives de démembrement de la commune de Maisdon et les efforts que nous n'avons cessé de faire pour empêcher leur désastreuse réalisation, nous ont amené à nous occuper d'une manière plus spéciale de cette belle commune. Nous publions quelques notes statistiques et historiques sur Maisdon, avec les documents qui doivent faire repousser les projets de morcellement.

Cette notice a été rédigée fort rapidement, et presque tous les anciens titres et papiers ayant été détruits pendant la Révolution, il est très-difficile de se procurer des renseignements sur les temps qui ont précédé cette époque.

NOTICE

STATISTIQUE ET HISTORIQUE

SUR LA

COMMUNE DE MAISDON.

PREMIÈRE PARTIE
Statistique et Historique.

§ Ier. — TOPOGRAPHIE STATISTIQUE.

La commune de Maisdon, canton d'Aigrefeuille, arrondissement de Nantes, département de la Loire-Inférieure, forme un parallélogramme presque régulier.

Elle est bornée :

Débornements.

Au nord, par la rivière la Sèvre Nantaise, qui arrose ses prairies sur un parcours de quatre kilomètres et la sépare des communes du Pallet et de la Haye-Fouassière, et plus loin par un petit ruisseau qui se jette dans la Maine près de Gras-Mouton, en lui servant de limites du côté de Saint-Fiacre;

A l'ouest, par la rivière la Maine qui la sépare de Château-Thébaud;

Au sud et en partie à l'est, par un ruisseau qui prend sa source au village du Retail pour se jeter dans la Maine; il lui sert de limite vers Saint-Lumine-de-Clisson et Aigrefeuille; pour le surplus à l'est, par un petit cours d'eau qui se jette dans la Sèvre en face le Port-Domino et la déborne du côté de Monnière.

Aussi peu de communes présentent une conformation plus régulière et des frontières mieux tracées, ainsi qu'on peut s'en convaincre par l'inspection de la carte.

Son territoire, légèrement ondulé au centre, est sillonné et fertilisé par plusieurs petits cours d'eau, indépendamment de ceux indiqués pour ses limites: ainsi :

Cours d'eau. Un ruisseau, formé de la réunion de deux cours d'eau, dont l'un, venant de la *Bigotière* et passant à la *Basse-Rebourgère,* et l'autre, passant à l'*Intière* et à la *Bretesche,* se réunissent au-dessous de cette maison pour arroser la vallée de la *Haloppière* et se jeter dans la Sèvre près de la *Maison de la Bidière;*

Un autre cours d'eau sort de l'étang de l'*Ormière,* passe aux *Moulins,* à la *Garnière,* pour tomber dans la Sèvre près la *Manguitonnière;*

Au-dessous de la *Basse-Haye,* un petit cours d'eau arrose les prés de ce village, sépare le hameau du

Douet de celui de *Saint-Georges* et va se perdre dans la Maine à *Chasseloir*.

Sur le même versant, un petit cours d'eau, venant des environs de la chapelle de Salut, passe aux *Roussières* et à la *Pépière*.

Enfin un ruisseau, sortant de l'étang des *Bouchauds*, au sud du village des *Croix*, passe au *Gast*, et sépare le *Bourg* de la *Bimboire*.

Les cotes d'élévations de divers points de la commune au-dessus du niveau de la mer, relevées sur la carte de l'état-major de la guerre, sont les suivantes : le bourg de Maisdon 59 mètres ; — La croix du Cimetière des Filles 61 mètres ; — La croix sur la route de Monnière près les Bouchauds, 58 mètres ; — Le pâtis de la Bretonnière, 67 mètres ; — ainsi les Ormeaux du village de la Bretonnière forment le point culminant de la commune.

La commune de Maisdon, autrefois inabordable autrement que par la voie des rivières, est actuellement traversée par plusieurs voies de terre en parfait état d'entretien : 1° le chemin vicinal de grande communication n° 7 de Touvois à la Varenne, traversant le bourg et passant à Aigrefeuille et au Pallet ;

2° Le chemin n° 74, dit de Saint-Julien-de-Concelles à Maisdon, passant à la croix de l'Hommelée, conduisant à Nantes, par la Ramée, établira une communication directe avec la Haye-Fouassière, au moyen du pont sur la Sèvre qui doit être construit l'an prochain ;

3° Le chemin n° 59 de Nantes à Clisson par la Bretesche, que l'auteur de cette notice a été assez heureux pour faire terminer très-promptement, grâce au concours bienveillant de MM. les Actionnaires du pont de la Ramée;

4° Le chemin de moyenne communication n° 24 de Saint-Fiacre à Gorges, ouvert jusqu'à la Bidière et qu'on espère voir terminer promptement ;

Et 5° enfin le chemin n° 58 de Saint-Hilaire-du-Bois à Nantes, qui sert actuellement de communication du bourg vers Saint-Lumine-de-Clisson, est entrepris entre Maisdon et Château-Thébaud.

Ces routes, en donnant de grandes facilités pour les transports des produits du sol et principalement des vins, en ont élevé la valeur, et on est heureux de voir un grand nombre d'habitants des villages qui ne se trouvent pas en contact immédiat avec ces routes, faire les efforts les plus louables et les plus dignes d'être encouragés pour s'y rattacher par des chemins ruraux, qu'ils réparent ou établissent à leurs frais.

Contenances cadastrales.

La commune de Maisdon s'étend sur une superficie de 2,094 hectares, 34 ares, 96 centiares, ainsi répartis par nature de culture :

Terres labourables...............	704ʰ 37ᵃ 84ᶜ
Vignes........................	600 70 96
Jardins potagers...............	70 13 98
Terrains et avenues............	27 »

A reporter.... 1.375ʰ 49ᵃ 78ᶜ

Report . . . . . 1.375^h 49^a 78^c

Prés 228 84 51
Pâtures 155 46 45
Bois taillis 37 38 47
Châtaigneraies 11 09 96
Terres vaines et vagues et landes. . 129 34 20
Etangs 31 30
Mares et viviers 1 83 76
Superficie des propriétés bâties . . . 13 59 91

1.953^h 38^a 34^c

Eglise, cimetière, chemins et places
publiques, rivières et ruisseaux 140 96 62

Superficie de la Commune . . . . 2.094^h 34^a 96^c

Il est à noter ici que les opérations cadastrales pour la commune de Maisdon ont eu lieu en 1813 ; depuis, la presque totalité des terres en landes à cette époque ont été défrichées et livrées à la culture. Il serait bien à désirer que ces opérations cadastrales fussent révisées, dans l'intérêt de l'Etat et dans celui des particuliers, en raison de l'amélioration et de la division des propriétés.

Le revenu imposable de la commune est de 74,281 francs 90 centimes.

Le nombre des habitants passibles de la contribution personnelle est de 430.

Le montant de l'évaluation des loyers d'habitation est de 3,333 francs.

D'après le recensement de 1866, le chiffre de la population est de 2,134 habitants, dont 276 agglomérés au chef-lieu, et 1,858 répandus sur diverses métairies et un grand nombre de villages dont les principaux sont : les Bouchauds, l'Allouette, les Croix, la Bigotière, l'Inlière, la Perthuisière, la Goulgatière, la Clavellière, la Rebourgère, la Haloppière, la Maisdonnière, la Cordouère, la Menodière, la Fevrie, le Gué-Joubert, la Hautière, la Garnière, la Haye-Trois-Sols, le Douet, Saint-Georges, le Pâtis, la Pépière, la Grenaudière, la Bordelière, le Gast. — Plusieurs de ces villages forment des centres assez importants de population.

La majeure partie des jardins, terres, prés, noës et communs, ainsi que les vignes franches qui entourent ces villages, sont devenus à des époques fort reculées la propriété des habitants, en vertu des concessions à eux faites par les anciens seigneurs hauts-justiciers, à charge de foi, hommage et rachat ou même de simple obéissance. Une autre portion a été cédée aux habitants à charge de rentes censives ou autres établies généralement sur les *ténements* ou circonscriptions des villages de la paroisse. Comme ces divers villages formaient de petits centres de population, leurs habitants laissèrent indivis, pour leur commodité et le pacage de leurs

bestiaux, des noës ou pâtures au centre de leurs habitations. — Ces noës ont été reconnues la propriété
privative de ces divers villages comme faisant partie
des anciennes concessions, suivant une consultation
délibérée par MM. Henri Maisonneuve et Laënnec,
avocats à Nantes, approuvée par délibération du Conseil
Municipal de la commune, du 25 février 1866.

Une nature de propriété très-importante dans la Baux à complant.
commune, comme dans les localités voisines, consiste en
ce qu'on appelle les vignes à devoir de quart ou à complant. Ces terres ont été livrées, par les propriétaires
fonciers, pour un temps indéfini, à des preneurs qui se
sont chargés de les planter en vigne, de cultiver et
graisser ces vignes et fournir chaque année le quart de
la récolte au propriétaire; celui-ci reste obligé de payer
les contributions dues sur ces biens. Le bail dure tant
que le preneur remplit ses obligations. Les anciens
titres de ces concessions, qui remontent pour la plupart
à des époques très-anciennes, sont presque tous perdus;
mais les droits réciproques du bailleur et des preneurs
sont bien établis par un usage immémorial. Un avis du
Conseil d'Etat de l'an VIII et la jurisprudence ont réglé
d'une manière définitive les droits de chacun.

Sur les 600 hectares qui constituent le vignoble de
Maisdon, la majeure partie est ainsi tenue à complant
par un grand nombre d'habitants. Il serait bien difficile
à un propriétaire de faire cultiver par lui-même une
grande étendue de vigne. On est amené par la force

des choses à des arrangements de la nature de ceux que nous venons d'indiquer.

La commune de Maisdon présente des aspects très-variés. Les magnifiques coteaux de la Sèvre et de la Maine offrent des points de vue remarquables. Sur les hauteurs de la Bidière et de la Métairie, sur les coteaux de Saint-Georges et de l'Ebeaupin, le paysage qui se déroule aux yeux de l'observateur est d'une beauté ravissante.

La commune, encore bien boisée dans les parties qui ne sont pas occupées par les vignobles, présente dans toute son étendue les conditions hygiéniques les plus favobles, un air parfaitement salubre qui rend les maladies épidémiques à peu près inconnues dans cette localité.

Les habitants de Maisdon sont généralement affables, ils ont un sentiment marqué de dignité personnelle. Attachés à la religion et aux souvenirs de leurs pères, ils ont conservé, des luttes auxquelles le pays a pris part à la fin du siècle dernier, un certain sentiment d'indépendance ; sensibles aux bons procédés, ils s'attachent à ceux qu'ils connaissent ; ils sont généralement économes et rangés ; la moralité y est meilleure que dans la plupart des localités voisines. Si on peut regretter que le culte de Bacchus ait conservé un certain nombre de prosélytes dans cette contrée, on ne doit pas trop s'en étonner en voyant combien la nature l'a favorisée sous ce rapport. Les coteaux de la Sèvre et de la Maine qui, par leurs délicieux aspects, ravissent les touristes d'admiration, font aussi, par leur liqueur douce et confortative, le charme et la consolation des bons habitants après leurs pénibles travaux, et dans leurs réunions de famille.

Les hommes sont bien constitués et le plus souvent, au conseil de révision, les jeunes gens de Maisdon sont supérieurs à ceux des autres communes du canton.

Les habitants sont doués d'intelligence et d'ambition. Bon nombre d'enfants de cette paroisse sont devenus des prêtres remarquables par leur piété, leur sagesse et leurs talents. — D'autres ont fondé à Nantes des fortunes remarquables. S'il est permis de se réjouir de la loi du progrès lorsqu'elle conduit à un heureux résultat, ne peut-on pas regretter de voir le besoin d'émigration s'exagérer d'une manière funeste et pour le pays et parfois pour ceux qui s'y laissent entraîner.

La commune de Maisdon offre beaucoup d'avenir ; il lui reste encore bien des progrès à faire. Espérons les voir se réaliser, et qu'une partie de ceux qui sont allés au loin conquérir la fortune reviendront à leur pays d'origine, s'y établir confortablement, et feront participer à leur aisance leur ancienne paroisse en favorisant les travaux agricoles et industriels.

§ 2ᵉ. — HISTORIQUE.

La paroisse de Maisdon, près Clisson, faisait partie du pays connu sous le nom de Marches du Poitou, qui jouissait d'anciens priviléges, reconnus et confirmés par les divers souverains qui gouvernèrent la Bretagne. Depuis la réunion à la France des provinces dans lesquelles se trouvent les Marches, les habitants de ce pays conservèrent la jouissance de leurs immunités. Parmi ces priviléges, se trouvaient l'exemption de la taille, et surtout de la milice. Lorsque, en 1790, on voulut appeler au service militaire les habitants des Marches, ils refusèrent; puis la constitution civile du clergé vint de nouveau surexciter les esprits. De là les causes de l'insurrection de la Vendée, à laquelle la paroisse de Maisdon, comme les pays voisins, prit une part active. On lira avec intérêt, dans l'ouvrage de Camille Mellinet sur la milice de la commune de Nantes, les appréciations de cet esprit sage et éclairé. (*Voir note* 1ʳᵉ.)

Maisdon subit de tristes représailles. La dévastation et l'incendie furent promenés sur tout son territóire, ses habitants furent dispersés et contraints de se cacher, et le sol resta sans culture pendant plusieurs années. — Enfin, des jours plus calmes ayant reparu, l'énergie et le courage des habitants réparèrent les pertes du passé et rendirent au sol son ancienne fécondité.

En 1815 et en 1832, une partie des habitants de Maisdon prit part aux mouvements qui marquèrent ces époques. Mais désormais, grâce à l'apaisement des idées, à l'intelligence que chacun possède de ses intérêts, aux progrès de l'instruction publique, aux routes qui sillonnent le pays, il est permis d'assurer que ces temps d'agitation et de malheurs ne se reproduiront plus.

Les hautes juridictions dont le territoire de la paroisse de Maisdon relevait autrefois étaient celles de la Galissonnière, de Goulaine, puis celles de la Bretesche et de Chasseloir-Gras-Mouton, ces deux dernières situées en la paroisse même.

Le château de la Galissonnière (alors sur la paroisse de Monnière), qui appartenait, en 1415, à Pierre Barrin, fut possédé par Jacques Barrin, marquis de la Galissonnière, le vainqueur des Anglais à Port-Mahon (*Voir note* 2ᵉ), et resta dans cette famille jusqu'à la Révolution.

La terre de Goulaine appartenait, dès 1138, à Marcis de Goulaine. Le château, un des plus remarquables et des plus intéressants de nos pays, a été racheté, il y a quelques années, par M. le marquis Patrice de Goulaine, chef actuel de cette très-ancienne et illustre famille. (*Voir note* 3ᵉ.)

La terre de la Bretesche fut érigée en marquisat en 1657, en faveur de M. de la Bretesche, gouverneur de Poitiers. — Cette maison est toujours restée la propriété de cette famille, même pendant la période révolutionnaire; mais elle n'a jamais été habitée ni achevée par ses propriétaires.

Chasseloir et Gras-Mouton étaient, en 1694, la propriété de Jean Cailleteau, écuyer, seigneur de la Chasseloir, Gras-Mouton, etc. Plus tard, ces fiefs passèrent dans la famille le Loup de Chasseloir, qui possédait également la terre de la Bidière, en cette paroisse. Ces terres étaient, en 1815, la propriété de M. le Loup de Chasseloir, commandant des gardes nationales de la Loire-Inférieure et père de Mme la comtesse Humbert de Sesmaisons. Celle-ci les a aliénées l'une et l'autre.

La terre de Chasseloir a été morcelée et vendue en détail par les ayant-cause de la famille le Loup de Chasseloir.

La Bidière est actuellement possédée par M. Charles Brard, qui y a fait construire une habitation et s'y livre à de nombreux embellissements et améliorations.

Indépendamment des terres sus-mentionnées, Maisdon possédait autrefois un assez grand nombre de propriétés et maisons, dont plusieurs ont été vendues par parcelles. Telles sont : les maisons de la Perthuisière, à la famille le Just ; — la Clavellière et la Goulgatière, à la famille Gullmann ; — la Bigotière, à M. Genevois ; — la Basse-Haye, à M. Marchandeau, etc.

Maisdon possède encore cependant plusieurs habitations bourgeoises au chef-lieu de la commune ;

La terre des Roussières, sur le bord de la Maine, propriété de M. Guichet, maire de Mouzillon ;

La maison de la Guérivière, dont les dépendances s'étendent principalement sur la commune de Saint-Lumine-de-Clisson, appartenant anciennement à la famille de Busson, et actuellement à M. de Bois-héraud;

L'ancien château de Chasseloir, avec son parc, pro-priété de M. Ogereau;

La maison nouvellement reconstruite de la Févrie, à M. Cathelineau;

La maison de la Hautière, avec ses domaines de la Mauguitonnière et de l'Ormière, à M. Henri Lefeuvre, ancien magistrat;

Enfin, la propriété de la Garnière, possédée depuis deux siècles par la famille du rédacteur de cette notice, actuellement Maire de la commune, et qui tient tant à ce que sa vieille maison, comme son annexe de l'Ébeau-pin, ne cesse jamais de faire partie intégrante de la commune de Maisdon.

Nous n'avons pu nous procurer des renseignements précis sur l'époque de la construction de l'église actuelle de Maisdon [1]. Le chœur et les deux ailes ont été recons-

---

[1] Suivant M. Orieux, agent-voyer inspecteur, (*Études archéologiques dans la Loire-Inférieure*), cette église, incendiée en 1793, conserve encore, au bas de la nef, des parties du vieil édifice. On trouve dans cet ouvrage l'élévation d'une porte latérale ogivale attribuée au XVe siècle. Elle a une double archivolte et quatre colonnettes; son ouverture est de 1^m20; le rayon des arcs de l'ogive concentrique, de 0^m784, c'est-à-dire que l'ogive est, à très-peu de chose près, en tierce partie. Cette porte qui a de la simplicité, est d'une bonne exécution; on a eu beaucoup de peine à reconnaître, sous le badigeon, l'appareil de trois voussoirs formant la moitié d'une archivolte : ce n'est plus le petit appareil que l'on trouve aux ogives du XIIIe et du XIVe siècles.

La grande porte de l'église est aussi ogivale et du même temps. Une petite fenêtre ogivale trilobée est percée dans le mur sud de la nef, entre les deux portes ogivales.

2

truits en 1843. — On a regretté de voir disparaître à cette époque les ornements de la porte principale qui attestaient son antiquité, ainsi que le rétable du chœur avec ses colonnes torses ornées de branches de vignes et de raisins. — Ce fut aussi en cette année 1843 que fut enlevé le monument du général Suzannet, inhumé en 1815, près l'autel de la Vierge. (*Voir note 4ᵉ.*)

Nous trouvons qu'en 1785, M. Jean Blot était curé de Maisdon.

Il fut remplacé, en 1786, par M. Joseph Courtais, qui a gouverné la paroisse jusqu'à l'époque de sa mort, arrivée en 1829. Son souvenir s'est conservé précieusement dans cette paroisse, et sa science et ses vertus sont l'objet de la vénération publique. (*Voir note 5ᵉ.*)

En dehors des événements dont nous avons dit quelques mots, peu de faits sont à noter dans l'histoire de la commune :

Dans les années 1833 et suivantes, reconstruction du pont Callineau, sur la Maine, aux frais des communes de Maisdon et de Châteauthébaud.

En 1841, 1847, 1855 et 1864, la paroisse de Maisdon reçut les visites pastorales de Nos Seigneurs les Évêques de Hercé, Jaquemet et de la Hailandière.

En 1828, elle avait également reçu la visite de Mᵐᵉ la duchesse de Berry.

Le 30 mai 1850, jour de la première communion, et pendant les vêpres, la foudre est tombée sur l'église, en a parcouru l'intérieur dans tous les sens, et s'est perdue dans le sol, sans avoir blessé personne.

En 1851 et 1854, des retraites ont été prêchées dans l'église de Maisdon, à l'occasion du jubilé. Ces retraites ont produit d'heureux fruits et n'ont point donné lieu aux incidents qui ont suivi une mission donnée dans la même église en 1758, et dont il est question dans l'*Histoire de la Commune de Nantes*, par Mellinet.

La construction de la mairie et de la maison d'école pour les garçons fut arrêtée en 1846; et par le vote de 10 centimes additionnels pendant cinq ans, il fut pourvu à l'exécution des travaux qui ont été effectués dans les années suivantes.

En 1859, établissement du nouveau cimetière. Sa bénédiction a eu lieu le 21 août 1859.

Les dépenses de ces constructions ont été couvertes au moyen de l'imposition de centimes additionnels.

En 1861, 1862 et 1864, restaurations des autels de Saint-Vincent, de la Sainte-Vierge, du chœur et du transept de l'église.

En 1866, restauration du presbytère, aux frais de la commune et de la fabrique.

Nous terminerons ce résumé par les noms des administrateurs de la commune de Maisdon :

En l'an V de la République (1797), nous trouvons M. Julien Maillard, agent municipal.

En l'an VI, M. Joseph Peneau, agent municipal.

Au mois de messidor an VIII, M. Joseph Peneau, maire.

Le 10 janvier 1813, M. Nicolas-Aubin Lejust a été installé maire de Maisdon par MM. de la Courbejolière, maire de Saint-Lumine; de Castelnau, maire de Châteauthébaud, et Jarry, maire de Saffré.

Le 30 mai 1817, installation de M. Julien Boutin, maire.

Le 4 juillet 1826, M. Pierre Bonnet.

Le 4 octobre 1830, M. Pierre Dugast.

Le 17 décembre 1840, M. Huet.

Le 12 mars 1848, M. Eugène Dugast.

Le 8 octobre 1848, M. Alphonse Goguet de Bois-héraud.

Le 23 janvier 1859, M. François Posé.

En avril 1865, Alexandre-Henri Petit des Rochettes, maire en exercice.

NOTES.

Note 1re.

Trois années d'agitation préparèrent la guerre civile de la Vendée, et, pour comprendre cette agitation, il faut se rendre compte de l'appréhension qu'éprouvait, pour la perte de ses antiques priviléges, le pays connu sous le nom de Marches de l'Anjou et du Poitou.

En 1434, Jean, duc de Bretagne, reconnaissant l'antiquité des franchises des Marches, défendit d'y lever aucun impôt, *sur ce que les Marcherons représentèrent qu'ils étaient exposés continuellement aux incursions des gens d'armes pillards et larrons.*

En 1438, un procès-verbal, solennellement dressé, par le duc de Bretagne, d'accord avec le roi de France, *déclara que d'ancienneté les habitants des Marches jouissaient de leurs priviléges.*

Par une Charte, rendue à Ancenis le 11 juillet 1487, « Charles VIII fit défenses à ses commissaires, sur le fait des pionniers d'artillerie, oost et armée, étant devant Nantes, d'en lever dans les Marches, et reconnut *que, par les guerres qui avaient couru, lez temps passés, leurs habitants étaient francs et exempts de fournir et bailler ès armées, d'un costé ne l'autre, aucuns gens de guerre, ainsi que tous subsides et tailles.* »

Depuis l'union à la France des provinces dans lesquelles se trouvent les Marches, les habitants du pays compris dans les Marches avaient conservé la jouissance de leurs immunités.

Ces priviléges consistaient dans l'exemption de taille (moyennant une somme de 728 *ll* appelée *abonnie*), de fouages, de droits d'entrées et de sorties pour les provinces adjacentes (sur certificats des recteurs ou jurés), des droits de débit de vin, et surtout dans l'exemption de la milice.

On voit, d'abord par l'exemption de certains droits sur certificats dès curés ou recteurs, quelle était l'influence de ceux-ci, dans les affaires matérielles, indépendamment de leur influence morale et ce que dut produire la persécution contre le clergé : « La résistance, suivant les expressions de Napoléon, devint théocratique, et la haine des paysans prit le caractère d'une haine sacrée, qui n'était que trop légitimée par les plus cruels excès. » Mais l'obligation de la milice avait été la cause la plus réelle du mécontentement, et cette cause n'a pas discontinué jusqu'à nos jours ; car c'est toujours des réfractaires qu'on s'est servi pour former le premier noyau de l'insurrection aux diverses époques.

Lorsqu'on voulut, en 1789 et 1790, appeler les habitants des Marches au service, ils refusèrent. Puis la Constitution du clergé vint surexciter les esprits. La Vendée n'était pas, toutefois, comme on l'a dit avec irréflexion, la vieille terre catholique, car sa rentrée dans le catholicisme ne datait que de la révocation de l'Édit de Nantes, c'est-à-dire de la fin du siècle précédent. Auparavant, la ville de Nantes, à peu près seule, avait continué de suivre le culte catholique dans le comté Nantais. Tous les paysans étaient huguenots par l'influence des propriétaires nobles, dont ils tenaient leurs terres, et qui les traitaient avec une extrême bienveillance. Mais la noblesse était peu à peu rentrée dans le giron de l'Église, soit par lassitude de la lutte religieuse, soit en cédant à la volonté de Louis XIV, qui ôtait aux huguenots tout avenir, en les privant de tous droits à quelque charge que ce fût dans l'État. La même réaction, par la même influence du passé, agit sur les campagnes, et bientôt on n'y compta plus que des catholiques, attachés avec ferveur au culte sous lequel ils avaient trouvé un repos inconnu à leurs pères, et, dans leurs prêtres, des exemples de vertu qui leur inspiraient le respect. C'est avec raison que M. Thiers a dit dans son *Histoire de la Révolution :* « Les prêtres de la Vendée, d'une grande pureté de mœurs, y exerçaient un ministère tout paternel. La richesse n'avait ni corrompu leur caractère ni provoqué la critique sur leur compte. On subissait l'autorité du seigneur, on croyait les paroles du curé, parce qu'il n'y avait ni oppression ni scandale. »

Les seigneurs, ajouterons-nous, ne pouvaient oublier que leurs pères avaient autrefois prêché la liberté dans ces contrées, et, pour ne leur laisser aucun repentir du culte de Calvin, les prêtres cherchaient sans cesse à justifier, par leur conduite, la confiance qu'ils s'efforçaient d'inspirer.

La tradition ne disait aux paysans de l'ouest que les misères de la guerre civile du xvie siècle, fomentée par les essais d'un changement de culte, au nom de la liberté, et cette liberté leur rappelait des malheurs. Ils craignirent le renouvellement des mêmes désastres pour une cause analogue ; car le serment imposé à leurs prêtres leur apparaissait comme un culte nouveau, et les souvenirs traditionnels des épouvantables journées de la lutte du calvinisme les jetaient dans l'effroi de toute innovation. C'est une cause qu'on n'a pas assez remarquée dans les appréciations de la guerre vendéenne.

La résistance à tout changement fut populaire, précisément par la crainte des discordes civiles, et aussi parce que les Vendéens des Marches, qui levèrent les premiers l'étendard contre-révolutionnaire, voyaient leur vieille indépendance anéantie, cette indépendance traditionnelle, respectée au plus fort de la guerre, par les rois de France et les ducs de Bretagne. Abandonner le pays, comme soldat, semblait une condamnation à l'exil, une mort certaine. Autant, dans leur pensée, valait-il mourir dans ses foyers, sur la terre qui, pour eux, représentait toute la patrie, car cette terre, c'était, pour les Vendéens des Marches, la terre de la liberté. Là le paysan n'était point l'esclave de la féodalité, et les historiens ont été à ce sujet dans de bien grandes erreurs. Ce n'est pas pour le despotisme que se soulevaient les Vendéens des Marches : c'était au contraire pour leur indépendance et pour leur liberté ; mais ils prirent pour étendard la couleur de la royauté.

Cependant, les gardes nationales et quelques troupes de ligne, envoyées sur les points les plus agités, suffirent d'abord pour maintenir l'ordre ; mais, à la mort de Louis XVI, la résolution de prendre les armes devint générale : cette mort fut un prétexte pour un soulèvement spontané, et d'ailleurs, peu à peu les insurgés s'étaient complétement alliés à la cause monarchique, en se rappelant qu'elle avait respecté ses pri ..légés.

L'agitation réstée en parmanence depuis 1789, avec plus ou moins d'intensité, ne se manifestait qu'en mouvements partiels, sans organisation convenue. Les paysans tenaient à leurs foyers, à leur Dieu, à la vieille indépendance de la portion de leur territoire, qui semblait être la garantie de leur repos, et, quand la crainte de quitter forcément l'asile de leur naissance fut excitée en eux par le décret de la Convention, qui ordonnait une levée de 300,000 hommes, et que cet appel fut fait au nom d'une République qui venait de tuer le roi très-chrétien, en abolissant tous les anciens priviléges, monarchiques ou populaires, dans le sentiment de l'unité française, le soulèvement fut simultané dans la Bretagne, l'Anjou et le Poitou, à l'exemple donné par le pays des Marches indépendantes. « Ce décret, a dit Napoléon, décida leur révolte : ils jurèrent tous de mourir plutôt que de servir la République. »

(Extrait de La Commune et la Milice de Nantes, par Camille Mellinet.)

Note 2e. — La Galissonnière.

La Galissonnière, maison seigneuriale, appartenait, en 1415, à Pierre Barrin; son petit-fils fut archer de la garde du roi, et Toussaint Barrin, son frère, officier dans la compagnie du connétable de Montmorency, reçut une blessure à la bataille de Saint-Quentin; puis se fit prêtre, devint abbé de Saint-Maurice et fut enterré dans la Sainte-Chapelle, à Paris, en janvier 1577.

Jacques Barrin, conseiller d'État, fut commissaire pour le roi aux États de Bretagne assemblés à Rennes, en 1604. Sa sœur Louise épousa Gilles Huchet de la Bédoyère, procureur général au Parlement. — En 1619, Jacques Barrin de la Galissonnière fut nommé premier président à la chambre des comptes de Bretagne.

— En 1660, Henri Barrin, conseiller au Parlement de Rennes, était premier maître d'hôtel du duc d'Orléans.

Les château, terre et seigneurie de la Galissonnière furent érigés en marquisat en 1660, en faveur de Jean Barrin, intendant de la généralité de Rouen.

Armand-Christophe Barrin de la Galissonnière, archidiacre de Tréguier, était premier président à la Chambre des Comptes de la province en 1703.

Jacques Barrin, marquis de la Galissonnière, lieutenant-général des armées navales, vainquit la flotte anglaise venue au secours de Port-Mahon, sous le commandement de l'amiral Bing. Cette victoire fut suivie de la reddition de la place. Son fils est aussi mort lieutenant-général des armées navales. Du temps de ces deux seigneurs, il y avait au château de la Galissonnière un jardin de simples rempli des plantes les plus rares. Tout le monde a connu les vertus et les talents du dernier seigneur de cette illustre famille, mort regretté de tous ceux qui l'on connu et surtout de ses vassaux dont il était le père.

Avec un extérieur simple et modeste, assez ordinaire aux hommes véritablement grands, M. de la Galissonnière n'ignorait aucune des sciences utiles à un officier de mer destiné au commandement ; aussi avait-il toujours, même pendant ses voyages, une bibliothèque choisie. Au retour de ses expéditions, il reprenait, comme le défenseur de Rome Quintus Cincinnatus, la culture de son magnifique jardin des plantes ; il prenait un soin particulier de celles qui étaient utiles au soulagement des malades des paroisses voisines de ses terres. Doux, modéré, éloquent, persuasif, il avait l'heureux talent de concilier les esprits ; il terminait avec une attention singulière les contestations qui s'élevaient entre ses vassaux et les empêchait d'être les victimes de la pernicieuse guerre du Palais. Le ministre qui connaissait son mérite le choisit pour fixer avec un habile ministre anglais les limites du Canada.

(Extrait du Dictionnaire historique d'Ogée de 1779).

Note 3ᵉ. — GOULAINE.

On croit que le château actuel de Goulaine fut bâti vers l'an 944 sur les ruines de l'ancien, dont il reste encore deux appartements qui furent réunis au nouveau lors de sa construction. Cette terre a haute justice. L'an 1138, Marcis, sieur de Goulaine, rendit, du consentement de Brice, évêque de Nantes, aux moines de Verlou, l'église de Sainte-Radégonde de Goulaine qu'ils lui avaient afféagée avec celle de la Chapelle-Heulin, pour la réception de ses deux fils qui se firent moines à Saint-Jouin-de-Marne.

Jean de Goulai. était gouverneur de Nantes en 1180; les uns disent que c'est ce gentilhomme qui fit les armes de sa maison et qu'il figura ainsi son écusson, par l'estime dont l'honorait Geoffroi II, duc de Bretagne et fils du roi d'Angleterre, et par l'amitié qu'avait pour Geoffroi le roi Philippe-Auguste. Ces armes sont partie d'Angleterre et de France; savoir : *de gueules à trois demi-léopards d'or et d'azur, à une fleur de lys et demi d'or.* Les autres disent qu'Alphonse de Goulaine, ayant conclu la paix entre les rois de France et d'Angleterre, à l'avantage des deux couronnes, reçut, de la reconnaissance de ces deux monarques, la permission de porter la moitié de leurs armes. Ce fut, assure-t-on, la seule récompense qu'il voulut recevoir.

Guillaume Edet, abbé de Saint-Gildas-des-Bois, nommé en 1539 à l'évêché de Quimper, fut sacré dans la chapelle du château de Goulaine.

En 1591, le duc de Mercœur chargea le seigneur de Goulaine de bloquer le château de la Courbejollière, en Saint-Lumine près Maisdon, alors aux calvinistes. Il fut ensuite démoli.

Par lettres du mois d'Octobre 1621, enregistrées au Parlement et à la Chambre des Comptes de Bretagne, la terre et seigneurie de Goulaine fut érigée en marquisat en faveur de Gabriel, seigneur de Goulaine, de Saint-Nazaire et du Faouet. Cette seigneurie passa plus tard dans la maison de Rosmadec, par le mariage d'Anne de Goulaine avec le seigneur de ce nom.

(Extrait du *Dictionnaire historique* d'Ogée de 1779).

Note 4e. — SUZANNET.

Suzannet (Pierre-Jean-Baptiste-Constant, comte de), né à la Chardière, commune de Chavagnes-en-Paillers, en 1772, était cousin-germain de Henri de la Rochejaquelein. — Il fut blessé mortellement au combat de Rocheservière, livré le 20 juin 1815, le surlendemain de la bataille de Waterloo, de sorte que si la télé-graphie électrique eût été établie à cette époque, il y a lieu de penser que cette effusion du sang français eût été épargnée. M. de Suzannet est décédé à la métairie de la Haute-Rivière, commune d'Aigrefeuille, actuellement propriété de M. Voruz, et, comme le remarque le rédacteur de la *Biographie universelle*, la paroisse de Maisdon, où il avait établi son quartier général, est devenu le lieu de sa sépulture.

Note 5e. — COURTAIS.

M. Joseph Courtais, né en 1751 à Tilliers (autrefois du diocèse de Nantes, fit de fortes études classiques sous les Pères de l'Oratoire de cette ville, et ses études théologiques à Angers. D'abord vicaire à Aigrefeuille, puis à Sainte-Croix de Nantes, il fut reçu docteur en théologie. La cure de Maisdon, l'une des plus riches du diocèse à cette époque, étant devenue vacante, il l'obtint à 34 ans, après un brillant concours. M. Courtais établit dans son presbytère un cours de sciences dans lequel il fut secondé par M. Bouyer[1], aussi docteur en théologie, alors son vicaire et qui enseignait la philosophie. — A la Révolution, l'église et une partie de sa demeure furent incendiées avec le plus grand nombre des maisons de la commune. Le presbytère et ses dépendances furent vendus nationalement.

M. Courtais fut obligé de se cacher, mais il n'abandonna point ses paroissiens. Sous divers déguisements errant de village en village, célébrant la messe quelquefois au milieu des bois, il apprenait à tous, plus par ses exemples que par ses discours, à souffrir pour la justice. Une des peines les plus vives qu'il éprouva à cette époque fut de voir sa place envahie un instant par un prêtre assermenté qui ne tarda pas à se retirer.

Privé de ses livres et de ses élèves, il employait ses moments de loisir à copier des missels qu'il laissait dans les villages afin de s'en servir à l'occasion. C'était une collection de quelques messes votives; il n'en est resté qu'un exemplaire, que le chapitre de Nantes conserve comme souvenir de son vénéré confrère.

La grandeur du péril, pendant les troubles de la Révolution, n'épouvantait point son zèle. Ses discours pleins de charité et d'une constante gaieté faisaient oublier à ses compagnons d'infortune les dangers qu'ils couraient ensemble dans leurs courses nocturnes.

M. Courtais put rentrer dans son presbytère en ruine et dans son église incendiée. — Pour la rétablir, il fut forcé de recourir à la foi généreuse de ses paroissiens, ruinés eux-mêmes par les désastres de la guerre.

En 1809, on put racheter le presbytère.

Le clergé avait presque entièrement disparu. M. Courtais, entouré d'une jeunesse studieuse et dévouée, fonda dans son presbytère un grand et un petit séminaire. On y enseignait tout, depuis les éléments de la langue latine jusqu'à la théologie. Plus de cent prêtres sortis de son école n'ont point eu d'autres maîtres que lui.

---

[1] Mort curé de Saint-Clément de Nantes.

— Il enseignait à cheval en allant visiter les malades ; il faisait réciter les leçons et corrigeait les devoirs, discutait les questions de philosophie ou de théologie. — A 60 ans, il apprenait le grec pour l'enseigner aux autres. Ce travail incessant ne nuisait nullement à l'exercice de son ministère. Il prêchait souvent sans avoir jamais écrit ni appris par cœur.

Ses paroissiens le vénéraient à l'égal d'un saint. Ils n'entreprenaient rien d'important sans l'avoir consulté.

Il était, par sa science et ses lumières, le guide de ses confrères, il trouvait le temps de répondre à une foule de consultations. Ce qui plaisait surtout en lui c'était une admirable simplicité unie à une science profonde. Il savait allier une grande solidité de principes à une admirable douceur qui en faisait disparaître l'austérité. Vicaire-général et chanoine en 1820, on assure même que l'épiscopat lui fut proposé en 1827, mais qu'il refusa, aimant mieux vivre et mourir au milieu de ses chers paroissiens. Au mois d'octobre 1829, il fut atteint d'une paralysie de la vessie ; après de cruelles souffrances, il mourut le 7 décembre 1829, à 78 ans.

Sur sa tombe, on a inscrit ce verset de l'Ecclésiaste :

In omni ore quasi mel edulcabitur ejus memoria.

Il eut pour successeur M. François Courtais, son neveu et son vicaire depuis 1812. Il eut à traverser des temps difficiles et mourut le 9 mai 1846, à l'âge de 58 ans.

Il fut remplacé par M. Jean-Charles Piquet, mort en 1863.

Le curé actuel de la Paroisse est M. René Bodet, né à la Chapelle-des-Marais.

Le vieux presbytère de Maisdon, solidement restauré pendant son exercice, transmettra aux générations futures de nombreux souvenirs parmi lesquels le plus précieux sera celui du *Collége Courtais,* qu'il a abrité dans sa modeste enceinte.

DEUXIÈME PARTIE.

—

Projets de Démembrement de la Commune de Maisdon.

Nous avons essayé de faire connaître notre commune; nous devons maintenant parler des tentatives de démembrement qui auraient pour résultat de l'amoindrir tellement qu'elle ne pourrait plus s'administrer.

Malheureusement les idées séparatistes qui ont agité le Nouveau-Monde semblent, comme l'a dit avec beaucoup de raison un honorable membre du Conseil Général, être devenues contagieuses dans notre département de la Loire-Inférieure. C'est ainsi que la commune de Maisdon est sous le coup de deux demandes en distraction de territoire, l'une au profit de Monnière, canton de Clisson, l'autre au profit de Saint-Fiacre, canton de Vertou.

Notre conviction intime, notre dévouement à nos administrés sans exception et au gouvernement de l'Empereur, nous font un devoir de résister avec énergie à ces tentatives fâcheuses.

Nous placerons d'abord sous les yeux de nos lecteurs les délibérations du Conseil Municipal de la commune de Maisdon qui résument la question, et nous discuterons ensuite le rapport fait au Conseil Général de la Loire-Inférieure, par M. le baron Lemot, maire et représentant de Clisson, sur la demande au profit de Monnière.

PREMIÈRE DÉLIBÉRATION

DU CONSEIL MUNICIPAL DE MAISDON.

L'an 1865, le dimanche 2 juillet, à huit heures du matin, se sont réunis, en la salle de la Mairie de Maisdon, sous la présidence de M. Petit des Rochettes, Maire, en vertu d'autorisation de M. le Préfet, des 12 et 30 juin dernier, les Membres du Conseil Municipal ci-après dénommés : MM. de Boishéraud, Caillé, Brosseau, Branger, Poiron, Lebas, Charron, Brochard, Métaireau (Pierre) et Maillard ; et parmi les plus imposés, convoqués conformément à la loi : MM. le marquis de la Bretesche, Brard, Peneau (Joseph) de Nantes, Peneau (Joseph) du bourg, Peneau (André), Félix Girard, Leroy (Pierre) du Gast, Richard de l'Inlière, Gouron (François), Arnaud (Pierre), et Joseph Leroy des Noues.

Le Maire a soumis à l'assemblée toutes les pièces concernant l'enquête faite à l'occasion du projet de distraction du territoire de la commune de Maisdon, de plusieurs villages qui demandent leur réunion à la commune de Monnière, à savoir : les Yelais, la Maisdonnière, la Menodière, la Cordouère, les Moulins de la Justice, de la Haloppière et de la Bidière, les villages de la Haloppière, de la Févrie, la propriété de la Bidière et la ferme de Pégatine ; spécialement la pétition à

M. le Préfet, le plan dressé par l'agent-voyer, le procès-verbal d'enquête reçu par M. le Juge-de-paix d'Aigrefeuille, commissaire enquêteur nommé par arrêté de M. le Préfet, et dont l'avis motivé tend au rejet de la demande des pétitionnaires.

Puis, M. le Maire a donné à la réunion communication du résumé suivant :

Toutes les parties dont l'ensemble forme une commune rurale ne peuvent se trouver agglomérées au chef-lieu, ou tout près du chef-lieu; la nature des choses s'y oppose invinciblement. Tout ce qu'on peut, ce qu'on doit raisonnablement désirer, c'est d'être relié à ce chef-lieu et aux autres parties de la commune par des voies de communication praticables. Sous ce rapport, depuis peu d'années, la commune de Maisdon a éprouvé de nombreuses améliorations. Ainsi, le chemin de grande communication de Nantes à Clisson, par la Ramée et la Bretesche; le chemin de grande communication de la Croix-de-l'Homelée au bourg ont été terminés. Le chemin de Saint-Hilaire-du-Bois va, au premier jour[1], ouvrir une communication directe du bourg de Maisdon à Saint-Lumine et à Clisson. Le chemin de moyenne communication de Saint-Fiacre à Monnière est achevé dans plus de la moitié de son parcours, et nous devons espérer le voir se terminer bientôt. — Par ce moyen, la commune s'est, pour ainsi dire, transformée, et s'il lui reste encore à faire, sous ce rapport, elle est du moins résolue à employer tous les moyens possibles pour donner à tous une juste satisfaction. — Ainsi, et notamment par délibération du Conseil Municipal du 20 août 1864, on a voté la demande d'un tracé pour le chemin dit de *la Croix des Filles à la Sèvre, reliant au bourg et à la Rivière les villages de l'Inlière, de la Rebourgère, de la*

---

[1] Cette percée est faite depuis un an.

Haloppière et la terre de la Bidière. Cette voie, se réunissant au chemin de moyenne communication précité de Saint-Fiacre à Monnière, donnera toute satisfaction à des intérêts dont le mécontentement se traduit aujourd'hui, pour un petit nombre, il est vrai, en une demande en distraction.

La commune de Maisdon ne peut croire qu'une partie de ses enfants veuille se séparer d'elle; elle se doit à elle-même, elle doit aux dissidents d'insister pour empêcher une rupture qu'ils regretteraient probablement eux-mêmes dans l'avenir. Ces observations résultent du premier examen de la pétition soumise à notre appréciation. Les pétitionnaires présentent trente-deux signatures sur six cents habitants. (Voir les observations de M. Huet, ancien Maire, pièce N° 9 de l'Enquête.) — La section est donc bien loin d'être unanime dans sa demande; les principaux propriétaires y sont restés étrangers, et même ont protesté contre elle. Les signatures apposées sont dépourvues de légalisations. Des personnes, qui ont signé pour d'autres, même pour des villages entiers, sans pouvoirs aucuns, ont donné lieu à des démentis et à des protestations énergiques. (Voir la déclaration de M. Brard, pièce N° 4 de l'Enquête.)

Les distances à parcourir sont inexactement indiquées et sont moindres que celles portées dans la pétition.

Les populations n'ont point eu à souffrir de la distance pour l'administration religieuse, ainsi que l'attestent les honorables ecclésiastiques attachés à la paroisse.

Les habitants ayant la faculté de faire faire les congés pour le transport de leurs vins à l'endroit qui leur convient le mieux, ne peuvent être aucunement gênés à cet égard. (Voir la lettre de M. Viaud, buraliste à Maisdon, pièce N° 6 de l'Enquête.)

Si la configuration actuelle de la commune de Maisdon, par rapport au bourg, peut laisser à désirer sous certains rapports, elle a cela de commun avec un grand nombre de localités. — Sans aller chercher bien loin, nous trouvons la commune de Saint-Lumine qui s'étend aux portes de Maisdon et d'Aigrefeuille ; celles limitrophes de Clisson entourent étroitement cette dernière ville. — A la limite de notre département de la Loire-Inférieure, nous avons le bourg et le canton de Saint-Nicolas-de-Redon qui ne sont séparés de la ville de Redon que par un pont de quelques mètres de longueur. Pour remédier rationnellement à ces inconvénients, un travail d'ensemble est indispensable, et il faut attendre que l'administration supérieure puisse y procéder à loisir. Une opération telle que celle demandée dans la pétition aurait pour effet de ne point procurer aux réclamants les avantages sur lesquels ils paraissent compter et de nuire essentiellement, et de la manière la plus grave, au surplus de la commune ; ce serait une œuvre de désorganisation sans compensation pour ceux qui l'obtiendraient, car, en y regardant de bien près, les limites de la commune de Maisdon ne sont point aussi défectueuses qu'elles le semblent au premier abord : deux rivières, plusieurs ruisseaux lui servent de frontières sur la presque totalité de son contour.

La distraction des villages et territoires en question aurait pour résultat de priver la commune de Maisdon de son accès à la rivière de Sèvre sur une longueur considérable (2,800 mètres) ; de diviser les héritages entre deux communes ; d'encourager des tentatives semblables de distractions de la part d'autres portions de la commune ; de porter un préjudice notable aux officiers ministériels et fonctionnaires publics du canton et de nuire aux intérêts des commerçants du chef-lieu de la commune ; tous intérêts et droits acquis qu'il est d'une bonne justice distributive de respecter.

Les motifs de la pétition ne sont donc point sérieux ; elle doit être considérée par tout homme désintéressé et de bonne

foi comme l'œuvre de meneurs étrangers à la commune, intéressés à propager l'agitation par tous les moyens possibles. —
Nous devons repousser cette cause de trouble et ajourner cette
opération à l'époque où un travail complet d'ensemble sera
prescrit par l'autorité supérieure. — D'ici là, les voies de
communication seront améliorées; les réclamants auront,
sous ce rapport, reçu satisfaction et l'intérêt général obtiendra
gain de cause.

La réunion, à l'unanimité, adoptant les motifs ci-dessus
présentés par le Maire, rejette la demande exposée dans la
pétition.

M. le Procureur impérial près le Tribunal civil de
Nantes ayant fait l'honneur au Maire de la commune
de Maisdon de lui écrire pour avoir des renseignements
propres à l'éclairer sur les avantages ou les inconvénients, au point de vue de l'administration de la justice,
du changement dans les circonscriptions des cantons
d'Aigrefeuille et de Clisson, a reçu la réponse ci-
après :

Maisdon, le 1ᵉʳ février 1866.

changement
: canton.

MONSIEUR LE PROCUREUR IMPÉRIAL,

J'ai reçu la lettre que vous m'avez fait l'honneur de
m'adresser le 27 janvier dernier, au sujet du projet de changement des circonscriptions des cantons d'Aigrefeuille et de
Clisson, sur le territoire des communes de Maisdon et de
Monnière, et par laquelle vous voulez bien me demander mon

avis sur les avantages et les inconvénients de cette mesure en ce qui concerne l'administration de la justice, le service du notariat et la tenue des registres de l'état-civil.

Ce changement de circonscription m'a toujours paru avoir des inconvénients graves et n'avoir pas été suffisamment étudié. La question a été soumise au Conseil d'Arrondissement de Nantes et au Conseil général de la Loire-Inférieure aussitôt après les dernières élections municipales et dans un moment où l'administration de la commune de Maisdon n'était point encore reconstituée. Elle n'a pu s'occuper utilement de présenter à ces Conseils les observations propres à les éclairer.

Le projet de distraction au profit de Monnière d'une portion importante de la commune de Maisdon a pour effet de produire entre les diverses fractions de la commune un esprit de jalousie et d'hostilité de nature à troubler les bons rapports des habitants entre eux, à rendre plus difficile l'action de la justice et l'intervention conciliante de M. le Juge-de-paix, à augmenter le nombre des contestations et des procès. Déjà l'exemple des villages qu'il est question d'annexer à Monnière est suivi par une autre portion de la commune de Maisdon, qui demande à être réunie à celle de Saint-Fiacre (canton de Vertou), ce qui aggrave encore les inconvénients que j'ai eu l'honneur de vous indiquer plus haut. Cette mesure aurait inévitablement pour effet de modifier d'une manière fâcheuse l'esprit de nos populations calmes, laborieuses, remarquables par leur esprit d'ordre et d'attachement au Gouvernement qui les protége.

La portion de la commune de Maisdon qu'il s'agit de distraire est plus rapprochée d'Aigrefeuille que de Clisson d'un à deux kilomètres. Cette circonstance rend les rapports de la justice de paix et du notariat plus faciles avec Aigrefeuille. Les notaires d'Aigrefeuille sont détenteurs des minutes de presque tous les actes concernant les populations qu'il s'agit de distraire, et il serait bien plus utile à leurs intérêts de continuer leurs rapports avec les notaires de leur canton actuel, que d'être obligés d'en établir de nouveaux avec une autre localité. Les notaires d'Aigrefeuille ont une connaissance spéciale des lieux et de la valeur des domaines que ne possèdent pas ceux de la ville voisine. Tout ceci est au point de vue de l'intérêt général et en dehors de l'intérêt particulier des notaires du canton et du greffier de la justice de paix d'Aigrefeuille. Sous ce dernier rapport, veuillez me permettre, Monsieur le Procureur impérial, de vous rappeler que la distraction récente d'une portion assez notable de la commune du Bignon (canton d'Aigrefeuille), qui a servi à former la nouvelle commune des Sorinières (canton de Vertou), a déjà porté préjudice aux intérêts de ces officiers ministériels, et la nouvelle diminution de leur canton dont ils sont aujourd'hui menacés me paraît de nature à être prise en considération.

Quant aux registres de l'état-civil, ils sont très-régulièrement tenus dans notre commune, et il sera toujours plus facile aux habitants des localités en question de continuer à y recourir à Maisdon que d'être obligés d'en avoir une partie dans cette commune et une autre portion dans une autre.

Ce changement de circonscription me paraît donc inopportun, Monsieur le Procureur impérial, et présenter bien plus d'inconvénients que d'avantages aux points de vue sur lesquels vous avez bien voulu me consulter.

En tous cas, la question n'a pas été suffisamment éclairée lorsqu'elle a été soumise aux Conseils du département, et elle manque d'un complément d'instruction indispensable, qui ne permet pas de la soumettre aux délibérations du Conseil d'État et du Corps Législatif.

Le Maire de Maisdon,

A. Petit des Rochettes.

Mais bientôt, ainsi qu'on pouvait le craindre, le fâcheux exemple donné par des habitants des villages voisins de Monnière devait être imité par ceux limitrophes de Saint-Fiacre. Une demande, calquée, pour ainsi dire, sur celle de Monnière, ayant été adressée à M. le Préfet, ce magistrat a dû remplir les formalités prescrites par la loi, et le Conseil Municipal, de nouveau appelé à donner son avis, l'a consigné dans la délibération suivante.

DEUXIÈME DÉLIBÉRATION

DU CONSEIL MUNICIPAL DE MAISDON.

L'an mil huit cent soixante-six, le 22 juillet, à midi, se sont réunis en la salle de la Mairie de Maisdon, sous la présidence de M. Petit des Rochettes, Maire, en vertu d'une lettre de M. le Préfet du 28 mars dernier, les membres du Conseil Municipal ci-après dénommés : MM. Caillé, Dugast, Joseph Peneau, A. Peneau, Lebas, de Boishéraud, Viaud, Brochard, Chesnard et Maillard, et, parmi les plus imposés convoqués, conformément à la loi : MM. Ogereau, Arnaud, Richard, Gouron, André Peneau et Le Roy ; les autres ne s'étant pas présentés, l'Assemblée étant ainsi constituée, le Maire lui a lu l'exposé suivant :

Le Maire a l'honneur de soumettre à la réunion du Conseil Municipal de Maisdon et des plus imposés de la commune le résultat de l'enquête prescrite par M. le Préfet de la Loire-Inférieure, à l'égard du projet de distraction de plusieurs villages de la commune de Maisdon, qui seraient annexés au territoire de Saint-Fiacre.

Cette enquête, conformément à la loi, a duré quinze jours. Ouverte le 10 juin, elle a été close le 25 même mois, sous la présidence de M. le Juge de Paix du canton d'Aigrefeuille.

Il résulte du procès-verbal de ce magistrat et des pièces y annexées, que 236 personnes ont pris part à l'enquête ; sur ce nombre, 36 seulement ont demandé la séparation, et 200 habitants, *parmi lesquels figure le Maire de la commune, quoique propriétaire et demeurant dans la partie séparatiste,* réclament formellement et énergiquement le maintien intégral des limites actuelles de la commune de Maisdon.

L'avis de M. le Commissaire enquêteur est entièrement conforme au vœu de la généralité des habitants de la commune.

Il constate notamment que :

Cette demande d'annexion au profit de Saint-Fiacre a été copiée sur celle formée pour l'annexion à Monnière d'une autre partie de la commune, et que ces deux pétitions contiennent les mêmes erreurs.

Dans l'une et l'autre on se plaint de l'éloignement du bourg, comme si dans toutes les communes il n'existait pas un point central et des extrémités plus ou moins éloignées de ce centre.

On se plaint du défaut de voies praticables pour se rendre au bourg et au chef-lieu de canton, notamment pour aller à Maisdon faire les déclarations pour le transport des vins, comme s'il n'était pas de notoriété publique que toutes ces déclarations pour les villages de la Hautière et autres voisins se font toujours à Saint-Fiacre.

A l'exception des actes de l'état-civil, des mariages, naissances et sépultures, pour lesquels les habitants de la commune sont obligés de se transporter au chef-lieu, rien ne s'oppose à ce que les habitants de Maisdon aillent aux offices religieux, soit à Saint-Fiacre, soit à Monnière, où certainement MM. les ecclésiastiques de ces deux paroisses ne mettent aucune opposition à ce que ces habitants se mêlent à leurs paroissiens.

Le motif de l'éloignement du chef-lieu pour les enfants qui fréquentent l'école communale, quoiqu'en apparence moins déraisonnable, n'est cependant aucunement fondé, car, dans beaucoup de communes, ces enfants sont obligés de parcourir des distances plus considérables.

Il semble résulter de toutes les raisons produites par les dissidents, qu'il existe une coalition, ayant son siége quelque part, dont le but est l'accaparement d'une portion considérable de Maisdon, au préjudice de cette commune et du canton d'Aigrefeuille.

Pour satisfaire les demandeurs et entrer dans leurs vues d'une manière équitable, il faudrait procéder à un remaniement complet des communes, ce qui, pour le moment, n'est pas praticable.

Des motifs légitimes, et de nature à être pris en sérieuse considération, se fondent sur la position des officiers ministériels du canton qui, tous, ont acquis leurs charges en vue d'un territoire et d'une population déterminés, et qui se verraient, sans aucune compensation, et contrairement à l'équité, privés d'une partie de ce territoire et de cette population.

Enfin, M. le Juge de Paix se réfère aux considérations présentées lors de la demande d'annexion au profit de Monnière, et qui l'ont fait repousser.

Tels sont les motifs sur lesquels s'appuie le magistrat chargé de procéder à l'enquête, pour rejeter la demande des pétitionnaires et réfuter leurs objections.

Le Maire, en adoptant complétement ces considérations si pleines de bon sens et de raison, demande à la réunion du Conseil Municipal et des plus imposés la permission de lui soumettre quelques autres motifs, dont plusieurs sont indiqués dans une note présentée à l'enquête, et signée par 136 habitants de la commune.

La demande d'annexion à Saint-Fiacre, réunie à celle faite au profit de Monnière, aurait pour effet d'amoindrir tellement la commune de Maisdon, que celle-ci ne pourrait plus s'administrer convenablement, faire face à ses charges et dépenses de toute nature, tenir son budget en équilibre, terminer les travaux en cours d'exécution et ceux projetés, qui sont pourtant d'une utilité, on peut dire d'une nécessité incontestable, et tout cela au moment où l'Administration et le Conseil Municipal font tous leurs efforts pour produire dans la commune toutes les améliorations possibles, dans la limite de ses ressources. N'est-il pas de notre devoir de nous appuyer ici sur des considérations qui ont impressionné les meilleurs esprits ? On se préoccupe avec juste raison de la nécessité d'arrêter l'émigration des populations rurales vers les villes ; le meilleur moyen de fixer ces populations dans leur pays natal, consiste dans la constitution de fortes communes, des bourgs, des villages les plus considérables possibles ; à y développer les diverses industries, à commencer par l'industrie agricole. En 1790 on a peut-être trop fractionné la France en la divisant en 86 départements ; il faut éviter de commettre la même faute dans l'ordre communal, et d'affaiblir celles qui ont peine à se suffire à elles-mêmes.

En accueillant le système des pétitionnaires, Monnière enlèverait 429 habitants, Saint-Fiacre 208 ; il ne resterait par suite à Maisdon que 1412 habitants, au lieu de 2049 qu'il possède actuellement. Il n'est pas possible de sacrifier ainsi une commune, de la priver de ses moyens d'existence au profit de deux voisines, qui ne marcheraient pas mieux après qu'avant l'annexion.

2° Si la demande pouvait être accueillie, la commune de Maisdon se verrait privée de tout accès sur son territoire à la rivière de Sèvre ; toutes les parties de la commune bordant cette rivière sur une zône assez étendue, lui seraient enlevées sans aucune exception, pour être attribuées aux deux communes de Monnière et de Saint-Fiacre. Cette considération a son importance relativement aux facilités de transport par eau, qui, malgré l'existence des routes, sont toujours d'une si grande utilité au point de vue des marchandises lourdes ou encombrantes. Elle se verrait enlever ses vignobles les plus renommés des coteaux de la Sèvre, et qui établissent la réputation du crû de cette commune.

En vain est-il allégué dans la pièce produite par les séparatistes, et formant la première annexe du procès-verbal d'enquête, que le chemin de grande communication N° 74, en cours d'exécution, et aboutissant à la Sèvre au lieu dit le Port de la Haye, sur le territoire de la commune de Maisdon, et destiné à faciliter les communications avec le bourg de la Haye-Fouassière, et par suite, avec la gare du chemin de fer établie dans cette localité, recevrait sa complète exécution, aussi bien en cas d'annexion que dans celui du maintien intégral de la commune de Maisdon ; il n'en est pas moins certain que celle-ci serait privée, sur tout son territoire, d'accès à la rivière canalisée la Sèvre, et qu'on ne pourrait y accéder que sur les territoires de Monnière et de Saint-Fiacre.

Quant à l'objection relative au service postal contenu dans la même pièce, elle est sans le moindre fondement. Les dépêches arrivant à Aigrefeuille à huit heures et demie du matin sont distribuées dans la commune de Maisdon à partir de neuf heures et demie, et à la Hautière à midi au plus tard. Celles de Saint-Fiacre arrivent à Vertou à neuf heures ; un seul fac-

teur faisant le service des deux communes de la Haye-Fouassière et de Saint-Fiacre, il en résulte que les dépêches sont
en réalité distribuées plus tard dans cette commune que dans
celle de Maisdon. De plus, les lettres mises à la poste à Saint-
Fiacre le matin, sont transportées dans l'après-midi à Vertou,
où elles passent la nuit et ne sont rendues à Nantes que le
lendemain. Ainsi, sous ce rapport, on voit que les pétitionnaires n'éprouveraient aucune amélioration.

3° Un inconvénient grave de la séparation se ferait sentir
en ce qui concerne le Cadastre et les actes de l'état civil.

Les évaluations cadastrales de la commune de Maisdon ne
sont plus les mêmes que celles de Saint-Fiacre; elles n'ont
point les mêmes bases. Malgré le soin que les employés des
contributions directes pourront apporter à ce travail, il ne peut
manquer de s'y glisser de nombreuses irrégularités. On sait
que le cadastre de la commune de Maisdon remonte à une
date déjà fort ancienne; sur presque tous les articles de la
matrice, il existe des erreurs qu'il est fort difficile de reconnaître. La séparation aurait inévitablement pour résultat de
laisser à la commune de Maisdon des parcelles qui devraient
être emportées par les séparatistes et de porter à Saint-Fiacre
des parcelles qui devraient rester à Maisdon.

Sous le rapport des recherches à opérer sur les nouvelles
matrices, combien n'éprouverait-on pas de difficultés pour
retrouver l'origine ancienne et la filière des articles portés
d'un nom à un autre. Il faudrait que les contrôleurs et agents
de l'administration, les percepteurs qui ne sont plus les mêmes
pour les deux communes, aient sans cesse recours aux anciennes matrices et soient obligés de se déplacer souvent. On
conçoit facilement combien ces recherches seront plus pénibles
encore pour les particuliers, en général peu au courant de ce
travail, et les contestations qui pourront naître de la difficulté
des vérifications cadastrales.

Il est également facile de voir les inconvénients résultant de la privation des anciennes archives, des actes de l'état-civil. N'est-on pas sans cesse obligé de recourir à ces actes pour reconnaître les jeunes gens qui doivent être inscrits sur le rôle des prestations, ceux qui doivent faire partie du tirage au sort ; lors des naissances, des mariages et des décès, pour avoir les noms et les âges exacts des personnes qui doivent y figurer et ceux de leurs parents. Il faudra sans cesse avoir recours à l'ancienne commune et souvent retirer des extraits d'actes dont les frais seront à charge pour les habitants peu aisés ; en un mot, les inconvénients du changement se feront sentir dans un grand nombre de circonstances de la vie civile.

4° Ce qui est dit dans la pétition relativement à la distance du chef-lieu de la commune, pouvait être allégué avec quelque apparence de raison à l'époque où les voies de communication étaient vraiment impraticables ; une demande analogue, formée il y a vingt-deux ans dans des circonstances qui pouvaient paraître plus favorables sous ce rapport, a néanmoins été rejetée. Il en doit être de même à bien plus forte raison aujourd'hui que des routes achevées, parfaitement entretenues, ont considérablement diminué et, pour ainsi dire, supprimé les distances, comme on dit en parlant des chemins de fer. D'ailleurs nous avons l'assurance de voir très-prochainement d'autres chemins se compléter et augmenter encore la facilité des communications[1].

5° Les motifs présentés en faveur de l'annexion sont ceux qu'un nombre immense de villages dans une multitude de communes peuvent également alléguer. On ne peut s'empê-

---

[1] Il semble que les exigences tendent à augmenter au fur et à mesure de l'accroissement des facilités de communication et autres. Certainement, il serait très-commode d'avoir la messe et une école dans chaque village ; mais où sont les ressources ?

cher de reconnaître que le territoire de la commune de Maisdon est admirablement conformé et déborné. On se plaint
seulement de ce que le chef-lieu ne soit pas situé au centre, de ce
qu'il se trouve presqu'à une des extrémités de la commune. Cet
inconvénient, Maisdon le partage avec un si grand nombre de
communes qu'il serait trop long d'entrer dans des détails, il
faudrait citer peut-être la moitié des communes du département, et si nous regardons seulement autour de nous, nous
trouvons Châteauthébaud, Aigrefeuille, Monnière, la Haye-
Fouassière, dont les bourgs sont situés sur le bord des rivières qui limitent de ce côté leur territoire, lequel ne s'étend
que dans la direction opposée à une assez grande distance.
Plus loin, ne trouvons-nous pas Saint-Jean et Saint-Étienne-
de-Corcoué, Saint-Mars-de-Coutais, Couëron, Le Pellerin,
Fay, Cambon, Saint-Père-en-Retz, Saint-Nicolas-de-Redon,
etc., etc.? Et si nous consultions la carte du département,
combien ne verrions-nous pas de délimitations vicieuses par
rapport aux départements voisins, Gétigné et Boussay formant
une presqu'île dans le département de Maine-et-Loire, Vieille-
vigne dans la Vendée, Freigné dans la Loire-Inférieure,
Vritz dans Maine-et-Loire, etc., etc.? Pour donner satisfaction à tous, réparer toutes les anomalies, il faudrait tout
bouleverser au gré des pétitionnaires. La demande au profit
de Saint-Fiacre a suivi celle au profit de Monnière; après
elle viendrait celle au profit de Châteauthébaud, et ainsi de
suite. Ce n'est point le moment d'accueillir ces demandes
incessantes de changement de territoires communaux qui
ont pour effet le plus certain de fomenter le trouble et
l'agitation parmi les habitants, exciter la jalousie et l'hostilité,
rendre bien plus difficile l'action de la justice, produire en
définitive et sans compensation des résultats déplorables.

6° Dans l'affaire qui nous occupe, pas plus que dans celle
concernant Monnière, il n'existe ni raisons administratives,

ni intérêts religieux réels à satisfaire ; nous ne voyons pas même une incompatibilité d'humeur, qui ne suffirait pas à faire prononcer une sorte de divorce municipal ; tout au plus en y regardant de près, pourrait-on apercevoir une irritation passagère déjà bien calmée et qui tend de jour en jour à disparaître complétement. Dans tous les cas, des motifs de cette nature ne sauraient être un argument favorable au système des demandeurs en distraction ; ce serait une prime d'encouragement aux dissensions communales.

7° En attendant qu'un travail d'ensemble, destiné à régulariser les communes, puisse être entrepris par l'administration supérieure, qui seule peut le faire utilement et convenablement pour tous, les pétitionnaires, comme ceux que Monnière eût désiré obtenir, continueront de faire partie de la commune de Maisdon ; ils n'auront point à le regretter : une administration sage, conciliante, impartiale des affaires de la commune, l'instruction des enfants et des adultes de plus en plus soignée, étendue, dirigée dans le sens des intérêts bien entendus des habitants, une application charitable et intelligente de la loi religieuse par rapport aux populations les plus éloignées du bourg, donneront satisfaction à tous les intérêts et ne rendront nullement pénible à toutes les parties actuelles de la commune leur maintien dans le giron de leur ancienne commune et paroisse.

Par ces motifs et ceux contenus dans la délibération du Conseil Municipal et des plus imposés de la commune, du 2 juillet 1865, relative à la demande en distraction au profit de Monnière, le Maire a l'honneur de proposer à la réunion de rejeter la demande en distraction de plusieurs villages au profit de Saint-Fiacre, et de prier M. le Préfet de vouloir bien joindre ses efforts aux nôtres pour empêcher ces démembrements.

La réunion du Conseil Municipal et des plus imposés, à

l'unanimité moins une voix, adoptant, dans son entier, l'Exposé du Maire, se joint à lui pour rejeter la demande des pétitionnaires et prier M. le Préfet de vouloir bien s'opposer de tout son pouvoir aux démembrements demandés.

Ces documents authentiques établissent combien sont mal fondées, sous tous les rapports, les prétentions des séparatistes. Mais il ne sera pas néanmoins inutile d'examiner les considérations sur lesquelles se fonde le rapport présenté par l'honorable baron Lemot devant le Conseil Général, dans sa session de 1865.

Voici les conclusions de ce rapport :

« Considérant que la commune de Monnière a été
» privée, en 1803, d'une partie considérable de son
» territoire sur la rive droite de la Sèvre, pour être
» annexée à la commune du Pallet (canton de Vallet),
» sans que, depuis cette époque, aucune compen
» sation ne soit venue rétablir son importance pre
» mière. »

De quelle manière, pour quelle cause, la commune

de Monnière a-t-elle été privée d'une partie de son territoire? Nous le voyons dans les développements du rapport que nous analysons.

« En 1802, dit-il, le territoire de Monnière était
» assis sur les deux rives de la Sèvre, et ses habitants
» n'avaient pour communiquer entre eux qu'un pas-
» sage à gué, facile en été, mais impraticable pendant
» la saison des hautes eaux. — A cette époque un
» remaniement des limites territoriales fut opéré entre
» la commune du Pallet et celle de Monnière. La nature
» des lieux, les besoins de la population furent-ils la
» cause du morcellement qui eut lieu au détriment de
» Monnière? Nous n'en savons rien; il n'existe au
» dossier aucun document pour nous l'apprendre.
» Toujours est-il, qu'en 1803, toute la portion du nord
» de la commune de Monnière, située sur la rive droite
» de la Sèvre, fut annexée au Pallet. Cela n'est pas
» contesté. La commune de Monnière se vit donc
» privée, pour l'avenir, des ressources que pouvait lui
» procurer un territoire peuplé d'un millier d'habitants.
» — A-t-on fait alors à Monnière des promesses de
» compensation sur le territoire de sa commune rive-
» raine? Nous l'ignorons également; car il n'existe
» aujourd'hui aucun document officiel de transaction à
» ce sujet entre les administrations communales, et
» s'il fut fait des promesses à cette commune, on n'en
» trouve la trace que dans le souvenir des habitants,
» chez lesquels elles se sont perpétuées par tradition.

» — Tel est le point de départ de la commune de
» Monnière. »

Si, à cette époque, comme le dit l'honorable rapporteur, Monnière éprouva un préjudice dans ses ressources au profit du Pallet, pourquoi aujourd'hui
chercher à réparer ce préjudice au détriment de la
commune de Maisdon? La justice et l'équité ne
montrent-elles pas que ce n'est point du côté de celle-ci
qu'il faut se retourner, mais bien du côté de la commune du Pallet, qui détient une partie du territoire de
l'ancienne paroisse de Monnière : son vieux château de
la Galissonnière, sa chapelle Saint-Michel et le port
Domino, si fréquenté par la batellerie.

Les difficultés de communiquer avec la partie nord
de la commune, qui furent, dans le temps, les motifs de
la désunion, ont disparu complétement depuis qu'un
pont en granit réunit à toujours les bords de notre belle
rivière[1].

S'il pouvait y avoir quelque motif de démembrer
Maisdon au profit de Monnière, ce motif eût été bien
plus pressant en 1803 qu'aujourd'hui, en raison de
l'impraticabilité des chemins; et si on ne l'a pas fait à
cette époque, c'est qu'il n'y avait véritablement aucun
motif pour le faire.

---

[1] Monnière a été un instant chef-lieu d'un canton dont Maisdon faisait
partie. Fraudra-t-il aussi lui rendre son Juge-de-Paix, son Greffier, son
Huissier et son prétoire?

Monnière doit donc chercher son bien là où il se trouve et ne pas demander à Maisdon la réparation d'un dommage auquel elle est toujours restée étrangère.

Passons au deuxième paragraphe des conclusions :

« Considérant que plusieurs villages de la commune
» de Maisdon, situés dans une zône très-rapprochée
» du bourg de Monnière, font la demande d'être
» annexés au territoire de cette dernière commune, et
» que les motifs allégués à l'appui de cette demande
» paraissent parfaitement justifiés pour qu'il y soit fait
» droit. »

Nous devons nous expliquer nettement à cette occasion.

Jamais les villages qui nous occupent n'auraient songé à quitter Maisdon s'ils n'y avaient été provoqués par des sollicitations intéressées du côté de Monnière.

On a fait surgir des questions d'amour-propre, de jalousie ; on a exagéré des misères.

On leur a dit que les autres parties de la commune étaient plus favorisées qu'eux sous le rapport des chemins ;

Qu'ils étaient victimes de l'oppression des habitants du bourg.

On a fait luire à leurs yeux le mirage trompeur des avantages de leur annexion à Monnière.

Quelques têtes un peu ardentes ont cru devoir saisir cette occasion de donner satisfaction à quelque petite rancune, et sans se rendre compte de l'augmentation des charges que leur réunion à Monnière doit leur imposer, et des autres inconvénients graves de la distraction, ils se sont laissés entraîner aux suggessions intéressées de leurs voisins. — Si on pouvait dégager la question d'amour-propre et opérer une retraite honorable, le très-grand nombre de ceux qui se sont trouvés mêlés à cette affaire laisseraient volontiers les choses en l'état. Et les autorités supérieures leur rendraient un véritable service en ne leur laissant aucun espoir de réussir dans leur tentative.

M. le Rapporteur fait tous ses efforts pour atténuer l'opposition très-énergique faite par M. Charles Brard, propriétaire de la terre de la Bidière et d'autres habitants de la commune, à la demande en séparation; il cite le passage suivant d'une pièce annexée au procès-verbal d'enquête :

» Des intrigants de Monnière ont exploité le mécon-
» tentement qui existe dans les villages par suite de
» l'incurie et de la mauvaise administration municipale
» et nous protestons contre la demande jusqu'à ce
» qu'une loi soit rendue pour une nouvelle délimita-
» tion territoriale. »

Puis cette phrase de la déclaration de M. Charles Brard :

» Je crois que toute cette affaire n'est due qu'à la

» mauvaise administration actuelle de Maisdon et que
» l'agitation cessera dès que les habitants des villages
» riverains de la Sévre seront convaincus qu'on ne
» veut pas les laisser systématiquement de côté comme
» cela a lieu depuis trop longtemps. »

Et M. le Rapporteur en conclut qu'il est incontestable que les habitants de ces villages ne sont pas aussi bien partagés que les autres habitants de Maisdon, qu'on doit douter qu'un avenir meilleur leur soit réservé, et les élections municipales de juillet 1865 semblent donner un démenti à cet espoir ; car les 385 habitants ne sont représentés au Conseil municipal que par le seul M. Brard.

La réponse est bien facile.

Si, lors des élections de 1865, une partie des habitants de Maisdon s'est trompée en repoussant les représentants des localités entraînées vers Monnière,

Si l'Administration municipale a pu laisser à désirer,

Si les projets de démembrement ont été repoussés par quelques personnes d'une manière qui a pu paraître à certains un peu trop vive et blessante pour les intéressés,

Sont-ce bien là des raisons péremptoires et suffisantes pour fractionner de suite et sans retard la commune de Maisdon ? Assurément non.

Un moyen plus simple et moins dangereux se présentait de lui-même : Provoquer, près de Monsieur le

Préfet, qui se serait empressé d'y faire droit, la nomination de nouveaux conseillers, pour les villages du nord de la commune, en remplacement de ceux qui n'avaient pas accepté, peut-être, au besoin, eût-on pu établir des sections électorales.

On pouvait provoquer, près des autorités supérieures, le redressement des griefs dont on croyait avoir à se plaindre. Mais ce n'est pas pour de semblables motifs que, de prime abord, on doit en venir à une pareille extrémité, à une semblable mutilation, mieux vaut guérir que retrancher. Et il n'est personne qui puisse trouver logique d'opérer le démembrement d'un État, ou même d'une commune, à cause de l'impéritie d'un ministère et l'insuffisance d'une chambre élective, ou bien des torts d'un Maire ou d'un Conseil Municipal — les hommes passent mais la patrie est permanente.

Que dire du passage du Rapport concernant la difficulté d'aller chercher à Maisdon les acquits nécessaires à la circulation des vins? — Aucun habitant de la commune n'ignore que chacun peut prendre son acquit au bureau qui lui convient le mieux. Ainsi les villages les plus rapprochés vont à Monnière, ceux qui avoisinent Saint-Fiacre se rendent à ce bourg, les voisins de Châteauthébaud vont à ce bureau, et les buralistes de ces diverses localités leur procurent les pièces nécessaires à la circulation de leurs vins sans inconvénient pour les intéressés, sans préjudice pour le Trésor? En vérité, est-il nécessaire pour cela de modifier la circonscription territoriale de la commune de Maisdon?

Le troisième paragraphe des conclusions du Rapport est ainsi conçu :

« Considérant que, si cette annexion doit causer un
» préjudice à la commune de Maisdon, en lui enlevant
» un territoire de 244 hectares et une population de
» 305 habitants, ce préjudice ne sera pas tel que cette
» commune ne puisse le supporter, en ce que, restant
» encore, après la privation de la section annexée à
» Monnière, une commune de 1,737 habitants répartis
» sur une superficie de 1,849 hectares, elle formera
» toujours une commune dans de bonnes conditions. »

Nous répondrons tout à l'heure à ces considérations; mais auparavant nous devons parler de l'avis du Conseil d'arrondissement. La Commission formée dans son sein avait proposé de repousser énergiquement et définitivement le changement de limites que produirait l'annexion. Le Conseil, sans adopter ces conclusions dans leur entier, avait néanmoins et, par esprit de transaction, considérablement restreint les proportions de l'annexion; il laissait à Maisdon la Bidière, Pégatine, la Févrie et le Gué-Joubert. Mais les annexionistes ne pouvaient se contenter de si peu; ils n'admettent pas les demi-mesures et il leur faut une complète satisfaction pour ce qu'ils appellent tous les intérêts locaux — ce qui est bien difficile à trouver; car ce qui contente les uns nuit et déplaît aux autres et, en pareil cas, la prudence nous conseille de nous abstenir.

Cependant on est assez embarrassé à l'égard de M. Brard qui demande avec énergie, ainsi qu'on peut le voir dans les pièces de l'enquête et dans les délibérations du Conseil Municipal, à continuer de faire partie de la commune de Maisdon. On dit à cela que la volonté d'un seul ne doit pas être un obstacle au bien-être de 400 individus, oubliant un peu qu'en pareil cas, souvent les suffrages doivent être pesés plutôt que comptés. D'ailleurs, on laisse à comprendre que le véritable intérêt de ce propriétaire méconnu par lui est de passer à Monnière.

Enfin, nous trouvons dans le rapport le paragraphe suivant :

« Votre Commission ne peut vous faire connaître le
» changement que pourrait produire l'annexion dans les
» revenus des deux communes. Il n'existe aucune pièce
» au dossier à ce sujet ; c'est sans doute par ce que les
» deux communes, ayant chacune un budget qui suffit
» aux exigences de leur administration, il n'est pas
» utile, comme dans une formation de commune, de
» vous apporter de chaque côté les preuves qu'on pos-
» sède les ressources nécessaires à la vie adminis-
» trative, *et l'absence au dossier de tout document finan-*
» *cier doit être pour vous la preuve que l'annexion*
» *demandée ne produira pas de perturbation très grande*
» *dans les finances de la commune de Maisdon.* »

Cette conclusion ne peut être admise. Si on manque de lumières sur un point aussi grave, il me semble plus prudent de se les procurer avant de prendre une décision, que de conclure en leur absence. Mais nous ne sommes pas sans renseignements à cet égard. D'abord, nous avons l'avis de M. le Directeur des Contributions directes, qui est formellement opposé au démembrement. On doit supposer que cet avis, émanant du chef de service compétent, est fondé sur des motifs graves, dont le principal est, sans aucun doute, la perturbation apportée dans les finances de la commune mutilée. Il ajoute, en outre, que la demande ne lui paraît pas justifiée par des considérations majeures et de ces nécessités qui peuvent seules motiver le démembrement des territoires. Au moyen de quelques recherches, nous sommes parvenus aux résultats suivants :

La portion de la commune de Maisdon qu'on voudrait annexer à Monnière, comprend :

1° Toute la section B, dite de la Haloppière, dont le revenu cadastral, suivant les États de section établis lors de la confection du cadastre s'élève à la somme de . . . . F. 5.580 43

2° Une portion de la section C, dite de la Clavellière, près le lieu dit les Quatre-Routes, dont le revenu, relevé sur lesdits États de sec—

A reporter. . . . . F. 5.580 43

Report . . . . F. 5.580 43

tion du cadastre, s'élève à la somme

de 553 66

3° Une portion de la section A, dite de la Hautière; mais, comme le surplus de cette section est compris dans la demande en distraction au profit de Saint-Fiacre, dont nous nous occupons également, nous comprenons ici la section entière dont le revenu est de. 13.023 94

4° Une portion de la section S, dite de la Perthuisière (demandée par Saint-Fiacre), dont le revenu est de. 2.462 83

5° Une portion de la section K, dite de Chasseloir (Saint-Fiacre)... 4.882 24

Total du revenu cadastral des portions de la commune dont la distraction est demandée au profit de Monnière et de Saint-Fiacre. . . . . F. 26.503 10

Le revenu total des 10 sections qui composent la commune de Maisdon étant de 73,085 fr. 82 c.[1], il en résulte que les démembrements en question enlèveraient à Maisdon 11/30es de son revenu foncier à très peu de chose près.

[1] Le revenu cadastral actuel de Maisdon s'élève à 74,281 fr. 91 c. La différence provient des constructions élevées depuis le cadastre; mais nous avons dû prendre le chiffre de l'époque de la confection du cadastre, qui est celle des Etats de section.

En admettant le même résultat pour les contributions personnelles et mobilières, des portes et fenêtres et des patentes, ainsi que pour le rôle des prestations, nous ne pouvons nous écarter sensiblement de la vérité, et nous avons des bases positives pour évaluer les ressources dont nous priverions la commune de Maisdon.

D'un autre côté, si nous consultons au budget le chapitre des dépenses, nous trouvons que nous avons toujours les mêmes frais généraux de secrétaire et entretien de la Mairie et de l'École, traitement de l'Instituteur, subventions diverses, etc., etc.; les contingents des chemins vicinaux de toute nature ne seront point diminués dans la proportion de l'abaissement des ressources, puisqu'il resterait à Maisdon 17 kilomètres de chemins vicinaux de grande communication à terminer ou à entretenir, tandis que les fractions de la commune à distraire n'en emporteraient que 4 kilomètres environ.

Par ailleurs, la commune est sous le coup d'une dette considérable envers un grand nombre de propriétaires, pour des terrains à eux, pris pour la confection des divers chemins vicinaux de grande et moyenne communication, savoir :

1° Sur le chemin de grande communication N° 79, de Nantes à Clisson, par la Bretesche..... F. 2.099

2° Sur le chemin N° 74, de Saint-Julien-de-Concelles à Maisdon.............. 1.412

A reporter........F. 3.511

— 64 —

Report . . . . F. 3.511

3° Sur le chemin N° 58, de Saint-Hilaire-du-Bois à Nantes (déduction faite des
abandons de terrain) 2.561

4° Sur le chemin de moyenne communi-
cation N° 24, de Saint-Fiacre à Gorges (*id.*).   2.489

Ensemble . . . . F. 8.561

Cette dette a été plus d'une fois l'objet des préoccu-
pations du Maire et du Conseil Municipal, et le paie-
ment n'a pu en être différé que grâce à la complaisance
et au bon vouloir des créanciers de la commune.

Et cependant, en outre de ces charges, et sans les y
comprendre en rien, le budget de Maisdon, malgré la
plus stricte économie, est à peine en équilibre. Celui
pour 1867, approuvé par M. le préfet de la Loire-Inférieure, présente un excédant de recettes de 67 fr. 76 c.
seulement. Privé des ressources que nous venons d'indiquer, et avec les charges qui lui resteront, le Budget
de la commune restera avec un déficit qu'il lui sera
impossible de combler.

En terminant cet examen, que M. le Rapporteur nous
permette de lui répéter, avec une conviction profonde.
Les motifs mis en avant par les séparatistes ne sont
pas de nature à nécessiter des démembrements qui seraient la ruine de la commune de Maisdon ; nous ne
pouvons admettre l'existence, ni d'intérêts froissés, ni de
la force majeure, nous ne voyons que des droits acquis

à respecter. Assurément la ville et le canton de Clisson doivent assez à l'honorable baron Lemot et à son illustre père, pour qu'il ne soit pas besoin d'ajouter à leurs bienfaits une augmentation de territoire provenant des débris de notre commune.

L'unité sera donc maintenue comme elle l'a été aux Etats-Unis ; mais, grâce à Dieu, la réconciliation pourra se faire chez nous sans avoir été précédée de cette lutte sanglante qui a désolé pendant trop longtemps la grande puissance américaine.

Nantes, Imp. Vincent Forest et Emile Grimaud, place du Commerce, 4.

PLAN
de la Commune
de Maisdon.
Échelle d'1 à 40,000

Cne de la Haie-Fouassière
Cne du Pallet
Cne de St Fiacre
Cne de St
Chemin
St Fiacre
Cne de Monnières
Cne de Clisson
Cne de St Lumine
Cne d'Aigrefeuille
Commune de Château-Thébaud

la Métairie
la Houtière
Gros-Mouton
la Barrière
le Moulin
l'Ormière
N° 59
la Chastelaine
le Douet
St Georges
la Challiere
la Haie-à-Sous
les Plaires
l'Aubeaupas
les Landes
la Tiraudière
le Patis
les Ronceraies
les Jauses
la Pépière
les Noyes
Mn des Noyes
la Grenaudière
la Ht Bordelière
le Br Bordelière
Rivière

la Mauquitonnière
le Chée Joubert
la Ferrie
la Bidière
le Port Domine
Pégatine
Mn de la Bidière
Rivière
les Loies
Mn de la Justice
Mn de la Halopine
la Halopinière
Cne de Monnière
la Ménardière
la Contourie
la Fais Bonnie
Pichard
de la Breteche
Vne de la Breteche
la Rebourgère
la Clavelière
le Boulgatière
l'Aubinerie
la Pertuysère
la Noue
l'Inlière
la Bt Rigotière
la Vt Rigotière
le Rétail
les Croix
le Gâts
les Bouchauds
l'Alouette
la Bonne Fontaine
le Bimboire
MAISDON
Beau-Soleil
le Chatellier
les Corneaux
la Guernière
Chemin
N° 58

Lith: Seudé; rue du Calvaire. 9. Nantes.